Phaedrus

»Stark – schwach« Fabeln

Text- und Arbeitsheft

ausgewählt, bearbeitet und illustriert
von Wulf Mißfeldt

Ernst Klett Schulbuchverlag
Leipzig
Leipzig Stuttgart Düsseldorf

Liebe Schülerinnen und Schüler!

Vielleicht habt Ihr gerade den Durchgang durch euer Lateinbuch beendet und beginnt nun mit eurer ersten Lektüre: Fabeln des Phaedrus.

Fabeln sind, wie Ihr wißt, kurze, oft amüsante Geschichten, die zum Nachdenken über ein Problem anregen und meist auch eine Lehre vermitteln wollen. Ihre „Helden" sind sehr oft Tiere (doch das muß nicht sein), aber stets sind in Fabeln Menschen und ihr Verhalten gemeint.

Der erste Römer, der solche menschlichen Verhaltensweisen in Tiergeschichten beschrieben hat, war *Phaedrus*. Er lebte in der 1. Hälfte des 1. Jahrhunderts n. Chr. Von ihm stammen die Texte dieses Heftes (oder sie sind nach seinen Texten gestaltet). Phaedrus selbst hat viele seiner Fabeln nach Vorlagen des griechischen Dichters *Äsop (Aisopos)*, der im 6. Jh. v. Chr. lebte, geschrieben.

Nun muß auch der sachgemäße Umgang mit einem Text gelernt werden, um ihn möglichst gut zu verstehen. Dazu reicht es nicht, den lateinischen Text einfach nur zu übersetzen, er muß auch noch für die Interpretation untersucht werden. Die Grundlagen einer solchen Textbearbeitung sollen Euch nun anhand dieser Phaedrus-Fabeln vorgeführt werden, aber keine Angst: Das wird Euch wesentlich mehr Spaß machen als die Grammatikbüffelei der letzten Jahre. Außerdem ist der Lernstoff jetzt längst nicht mehr so umfangreich.

In den Vokabelhilfen neben den Texten findet Ihr die Wörter, die nicht zum Grundwortschatz gehören. Alle anderen müßtet Ihr gelernt haben und kennen – wenn nicht: Schlagt nach in Eurer Wortkunde!

Zu den Aufgaben

In den Aufgaben auf den rechten Seiten dieses Heftes spielen bestimmte Gesichtspunkte der Textuntersuchung eine entscheidende Rolle und wiederholen sich deswegen dort auch. Du kannst bei der Bearbeitung hier nachschlagen, wenn Du Dir einmal über die Bedeutung dieser Gesichtspunkte im unklaren bist. Die Stichwörter dazu sind in der folgenden Aufstellung und in den Aufgaben durch ⟫⟩ deutlich gekennzeichnet:

⟫⟩ Antithesen

Das beherrschende Aufbauprinzip der Fabel ist die *Antithese*. Mit ihr werden häufig die Hauptakteure als *Gegensatzpaare* charakterisiert. Gegensätze können u. a. ausgedrückt werden

- durch Adjektive   z. B.: magnus – parvus
- durch Partizipien   z. B.: laudatus – contemptus
- durch Substantive   z. B.: dominus – servus
- durch Verben   z. B.: currere – sedere
- durch Adverbien   z. B.: hic – illic

⟫⟩ Gliederungssignale

Die gedankliche Abfolge eines Textes wird durch *Gliederungssignale* geordnet. Wichtige Gliederungssignale sind die *Konnektoren*, die Sätze miteinander verknüpfen.
Konnektoren können u. a. sein:
at, atque, ita, cum, deinde, ergo, novissime, quondam, rursus, sic, simul, subito, tandem, tum, tunc

⟫⟩ Wortwiederholungen

Wiederholungen von Wörtern spielen eine wichtige Rolle bei der Feststellung von Zusammenhängen, die für das Textverständnis wichtig sind.

⟫⟩ Partizipialkonstruktionen

Eine Besonderheit des Lateinischen sind, wie Du weißt, die sogenannten *Partizipialkonstruktionen*, die einen Satzinhalt in sprachlich verkürzter Form wiedergeben. Bei der Übersetzung muß zumeist das inhaltliche Verhältnis zum Hauptprädikat (die *Sinnrichtung*) bestimmt und sprachlich ausgedrückt werden, z. B.:
Servus a domino vocatus non venit.
- *konzessiv*: Obwohl der Sklave gerufen worden war,...
- *temporal*: Nachdem der Sklave gerufen worden war,...
- *kausal, modal, konditional* – je nach *Kontext* (Sinnzusammenhang)

⟫⟩ Pro-Formen

Innerhalb eines Textes bestehen Beziehungen durch sogenannte *Pro-Formen*. Sie stehen stellvertretend „für" („pro") ein anderes Wort. Die 1. und 2. Person sind in einem Text meist leicht zu erkennen (und auseinanderzuhalten). Doch in der 3. Person kann „die ganze Welt" auftreten. Daher ist es besonders wichtig, die Beziehung der Pro-Formen genau zu erkennen, damit man weiß, von wem/wovon die Rede ist.
Pro-Formen können u. a. sein:
hic, haec, hoc
ille, illa, illud
es, ea id
qui, quae, quod.

3

⟫ Wortfelder

Zu den Merkmalen einer Texteinheit gehören bestimmte *Wortfelder*. Jeder Text hat ein Thema, das Thema ist oft auch in Unterthemen aufgegliedert. Daher finden sich in einem Text/einer Texteinheit nur Wörter, die in irgendeiner Weise zur „Welt" des Themas gehören. Besonders deutlich wird das bei den sogenannten Wortfeldern: Sie werden von Wörtern gebildet, die durch ihre Bedeutung besonders dicht beieinander stehen. So lassen sich zum Beispiel die Wörter „arbor", „fluvius", „flos", „caelum", „sol" usw. zum Wortfeld „natura" zusammenstellen.

⟫ Wortstellung im Satz

Die Wortstellung im lateinischen Satz ist weitgehend frei. „Frei" heißt aber nicht „willkürlich" oder „beliebig", sondern ein Autor (oder Sprecher) setzt in der Aufeinanderfolge der Sätze die Wörter so, wie es dem Zusammenhang der Sätze und damit seiner Mitteilungsabsicht am besten entspricht. Er will, daß der Leser (Hörer) diese Absicht möglichst deutlich versteht (– oder ihn aber bewußt in die Irre führen!). Dazu bedient er sich häufig besonderer stilistischer Ausdrucksmittel, die in auffallenden Lautfolgen oder in auffallenden Wortstellungen bestehen. Diese Stilmittel können wir selten verstehend nachempfinden, wohl aber untersuchen. Sie *können* wichtig beim Verstehen eines Textes sein. Einige wichtige Redefiguren sind:

① *Alliteration:*
Betonung mehrerer Worte durch gleichen Anfangsbuchstaben

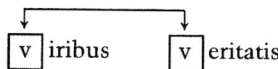

② *Parallelismus:*
übereinstimmende Anordnung von Wortfolgen

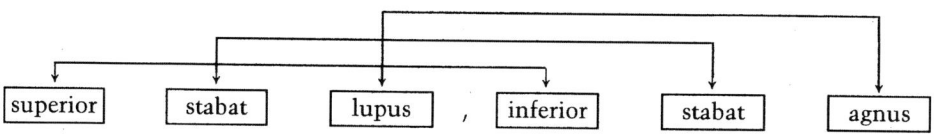

③ *Chiasmus:*
Kreuzstellung oder spiegelbildliche Anordnung

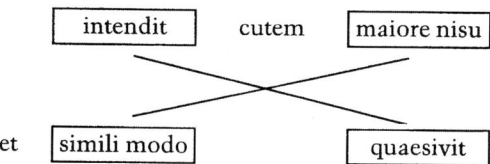

④ *Hypérbaton:*
Trennung zusammengehöriger Worte

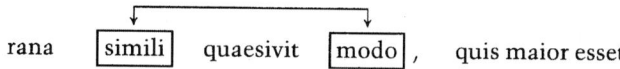

Redensart

| aquila | non capit | muscam |

Diese Redensart drückt eine gewisse menschliche Erfahrung in einem Bild aus. Zwei Tiere und das Verhalten des einen zum anderen prägen dieses Bild: der Adler, der stolze König der Lüfte, und die Fliege, ein lästiges, nutzloses Wesen, das lediglich Fröschen zum Fraß dient. Zwischen beiden steht „non capit". Aber was bedeutet das?

Welcher Aussage stimmst du zu? Kreuze an:
- Als Schwacher wird man von den Starken in Frieden gelassen.   ○
- Als Starker braucht man sich um den Schwachen nicht zu kümmern.   ○
- Als Schwacher braucht man sich gegen den Starken nicht zu schützen,
  weil man sich gar nicht in dessen Gesichtskreis befindet.   ○
- Es ist vorteilhaft, schwach zu sein.   ○

Duo muli et latrones

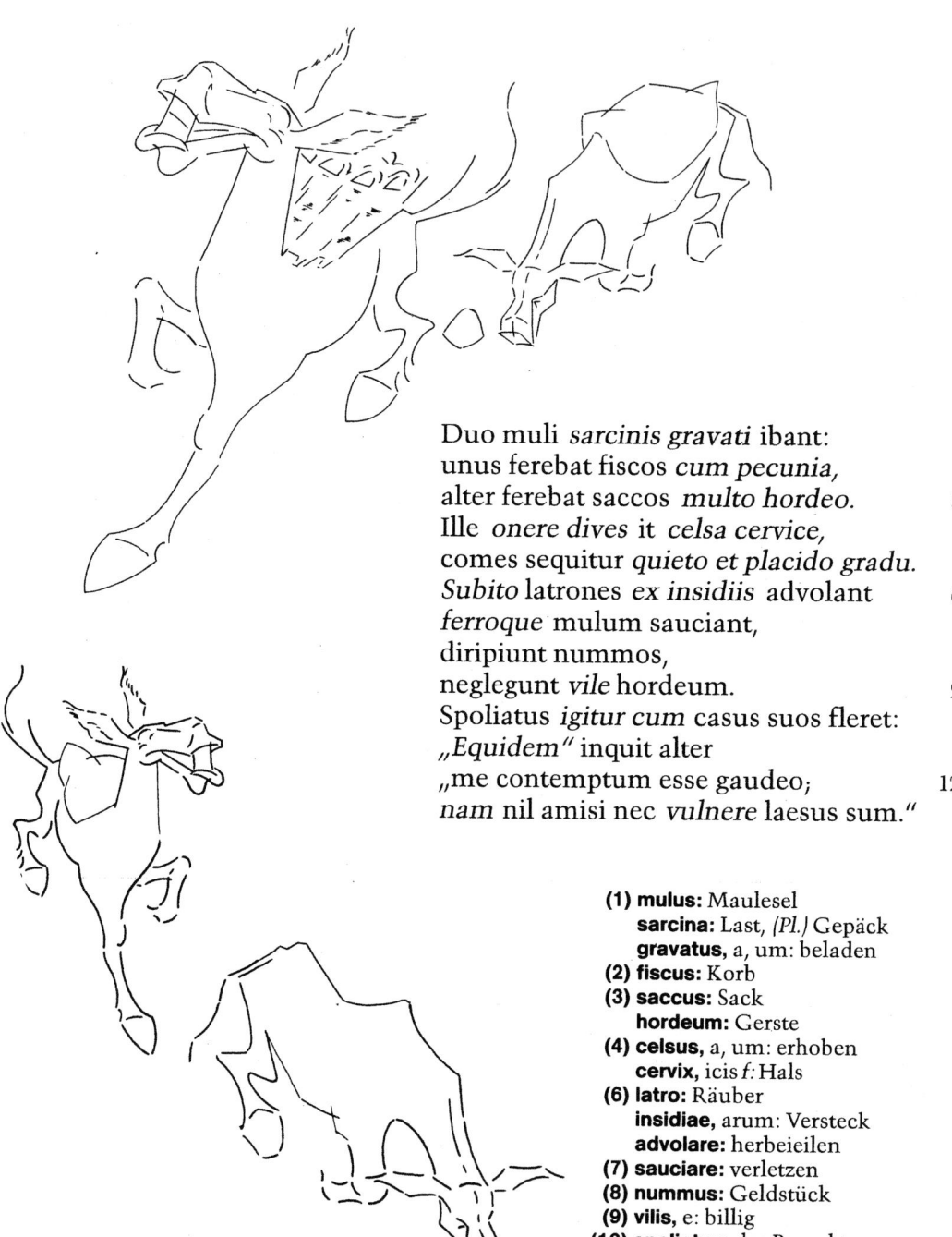

Duo muli *sarcinis gravati* ibant:
unus ferebat fiscos *cum pecunia,*
alter ferebat saccos *multo hordeo.*   3
Ille *onere dives* it *celsa cervice,*
comes sequitur *quieto et placido gradu.*
Subito latrones *ex insidiis* advolant   6
ferroque mulum sauciant,
diripiunt nummos,
neglegunt *vile* hordeum.   9
Spoliatus *igitur cum* casus suos fleret:
„*Equidem*" inquit alter
„me contemptum esse gaudeo;   12
nam nil amisi nec *vulnere* laesus sum."

(1) **mulus:** Maulesel
   sarcina: Last, *(Pl.)* Gepäck
   gravatus, a, um: beladen
(2) **fiscus:** Korb
(3) **saccus:** Sack
   hordeum: Gerste
(4) **celsus,** a, um: erhoben
   cervix, icis *f:* Hals
(6) **latro:** Räuber
   insidiae, arum: Versteck
   advolare: herbeieilen
(7) **sauciare:** verletzen
(8) **nummus:** Geldstück
(9) **vilis,** e: billig
(10) **spoliatus:** der Beraubte
   casus *(Pl.):* Schicksal

① Betrachte die Zeichnung über dem Text und beschreibe, wie die beiden Maulesel dargestellt sind.

Sind diese Unterschiede auch im lateinischen Text zu finden?
Trage sie hier ein:

        unus   alter

_____

_____

_____

_____

② Vergleiche nun die Zeichnung über dem Text mit der Zeichnung unter dem Text: Was fällt dir auf?

Belege diese veränderte Situation mit Zitaten aus dem Text:

                  unus   alter

Zeile 1-5

Zeile 10-12

Rana et bos

	Subjekt	Prädikat	Objekt	
In prato quondam	rana	conspexit	bovem	
et invidia tantae magnitudinis		tacta		
		inflavit	rugosam pellem.	
Tum		interrogavit	natos suos,	
an		latior esset	bove.	
	Illi	negarunt.		
Rursus		intendit	cutem	maiore nisu
et simili modo		quaesivit,		
	quis	maior esset.		
	Illi	dixerunt	bovem.	
Novissime		indignata		
dum validius		vult inflare	sese,	
		iacuit		rupto corpore.

3

6

9

12

⫸ Schwerpunkt **Gliederung**

① Markiere im Text der Fabel alle Konnektoren, die den *Handlungsablauf gliedern*, trage sie dann hier ein und ordne ihnen die entsprechenden Prädikate zu.

Konnektoren

```
┌─┬──────────┐ ┌─┬──────────┐ ┌─┬──────────┐ ┌─┬──────────┐
│1│          ├─┤2│          ├─┤3│          ├─┤4│          │
└─┴──────────┘ └─┴──────────┘ └─┴──────────┘ └─┴──────────┘
```

Prädikate

intendit

_____   _____   _____   _____

_____   _____   _____   _____

_____   _____   _____   _____

② Begründe anhand der Prädikate,
   a) inwiefern sich der vierte Teil der Fabel auf den ersten Teil bezieht;
   b) inwiefern der zweite und der dritte Teil zusammenhängen.

(1) pratum: Wiese
   quondam *(Adv.):* einst
   rana: Frosch
   bos, bovis: Rind
(2) tacta: (peinlich) berührt
(3) rugosus, a, um: runzelig
   inflare: aufblasen
   pellis, is *f:* Haut

(4) nati: die Kinder
(5) latus, a, um: groß
   cutis, is *f:* Haut
   nisus, us: Anstrengung
(11) novissime *(Adv.):* zuletzt
   indignari: entrüstet sein
(12) validius *(Adv. des Komparativs):*
      zu kräftig

9

Vulpes et corvus

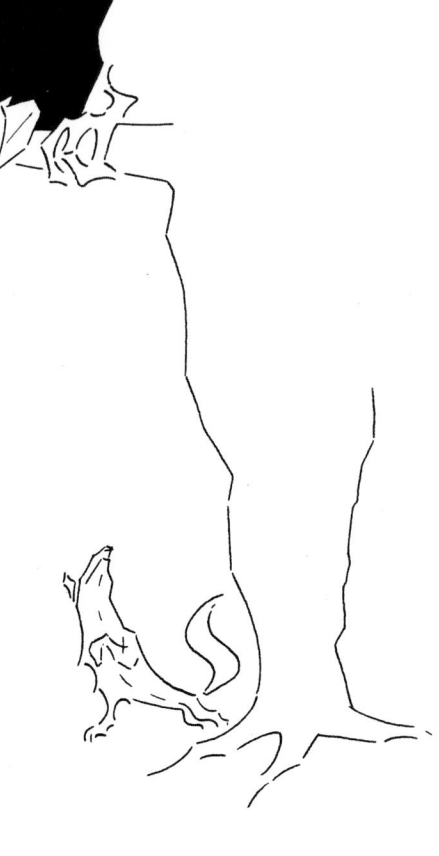

Cum corvus caseum
de fenestra raptum
3 comesse vellet,
celsa arbore residens
vulpes hunc vidit,
6 deinde sic coepit loqui:
„O, corve,
qui nitor est
9 tuarum pennarum!
Quantum decoris
corpore et vultu geris!
12 Si vocem haberes,
nulla ales prior foret."
At ille stultus
15 dum vult vocem ostendere,
emisit ore caseum,
quem celeriter
18 dolosa vulpes
avidis dentibus rapuit.
Tum demum ingemuit
21 deceptus stupor corvi.

(1) caseus: Käse
(2) fenestra: Fenster
(3) comēsse (≈ com-edere): essen
(4) celsus, a, um: hoch
    residēre: sitzen
(8) qui nitor: welch ein Glanz
(9) penna: Feder
(10) quantum decoris: wieviel Würde
(13) ales, itis f: Vogel
    prior: vortrefflicher
    foret ≈ esset
(16) emittere: verlieren
(18) dolosus, a, um: listig
(19) avidus, a, um: gierig
(20) ingemiscere (ingemui): seufzen
(21) deceptus stupor: die getäuschte
    Dummheit

▷ **Gegensatzpaare**

Rabe und Fuchs werden gegensätzlich charakterisiert:

Rabe	**Fuchs**
_____	_____
_____	_____

▷ **Gliederung**

Trage in das folgende Schema die Konnektoren ein, die den Beginn eines neuen Textabschnittes kennzeichnen, und schreibe jeweils die entsprechenden Tiere dazu:

Konnek-toren

```
┌1─────────┬─┬2─────────┬─┬3─────────┬─┬4─────────┐
│          ├─┤          ├─┤          ├─┤          │
└──────────┴─┴──────────┴─┴──────────┴─┴──────────┘
```

Tiere   _____ _____ _____ _____

        ↑   ↑   ↑   ↑

Aufbau   _____ _____ _____

      _____   _____

▷ Schwerpunkt **Wortwiederholungen**

① Umrahme in den folgenden 4 Zeilen diejenigen Wörter, die mehrfach vorkommen.
② Verbinde die Zeilen, die sich auf Grund dieser Wortwiederholungen entsprechen, mit Linien:

Cum caseum comēsse vellet...

Si vocem haberes...

Dum vult vocem ostendere...

emisit ore caseum...

Die Fabel und ihre Nachdichtungen – ein Vergleich

Die **Fabel vom Fuchs und dem Raben** ist oft nachgedichtet worden, zum Beispiel im 17. Jahrhundert von dem französischen Fabeldichter La Fontaine und im 18. Jahrhundert von Lessing. Vergleiche diese beiden Nachdichtungen mit der lateinischen Vorlage.

Jean de La Fontaine

Herr Rabe auf dem Baume hockt,
im Schnabel einen Käs.
Herr Fuchs, vom Dufte angelockt,
ruft seinem Witz gemäß:
5 „Ah, Herr Baron von Rabe,
wie hübsch ihr seid, wie stolz ihr seid!
Entspricht auch des Gesanges Gabe
dem schönen schwarzen Federkleid,
seid ihr der Phönix-Vogel unter allen!"
10 Der Rabe hört's mit höchstem Wohlgefallen,
läßt gleich auch seine Stimme schallen.
Da rollt aus dem Rabenschnabel der Fraß
dem Fuchs ins Maul, der unten saß.
Der lachte: „Dank für die Bescherung!
15 Von mir nehmt dafür die Belehrung:
Ein Schmeichler lebt von dem, der auf ihn hört.
Die Lehre ist gewiß den Käse wert."
Der Rabe saß verdutzt und schwor:
das käm ihm nicht noch einmal vor.

aus: P. Alverdes,
Das Hausbuch der Fabeln,
Ehrenwirth Verlag,
München 1890

Gotthold E. Lessing

Ein Rabe trug ein Stück vergiftetes Fleisch, das der erzürnte Gärtner für die Katzen seines Nachbarn hingeworfen hatte, in seinen Klauen fort. Und eben wollte er es auf einer alten Eiche verzehren, als sich ein Fuchs herbeischlich und ihm zurief: „Sei mir gesegnet, Vogel des Ju-
5 piters!" – „Für wen siehst du mich an?" fragte der Rabe. – „Für wen ich dich ansehe?" erwiderte der Fuchs. „Bist du nicht der rüstige Adler, der täglich von der Rechten des Zeus auf diese Eiche herabkömmt, mich Armen zu speisen? Warum verstellst du dich? Sehe ich denn nicht in der siegreichen Klaue die erflehte Gabe, die mir dein Gott durch dich
10 zu schicken noch fortfährt?"

12

Der Rabe erstaunte und freute sich innig, für einen Adler gehalten zu werden. „Ich muß", dachte er, „den Fuchs aus diesem Irrtume nicht bringen." – Großmütig dumm ließ er ihm also seinen Raub herabfallen und flog stolz davon.

Der Fuchs fing das Fleisch lachend auf und fraß mit boshafter Freude. Doch bald verkehrte sich die Freude in ein schmerzhaftes Gefühl; das Gift fing an zu wirken, und er verreckte.

Möchtet ihr euch nie etwas anderes als Gift erloben, verdammte Schmeichler!

Was ist anders als bei Phaedrus?

La Fontaine	Lessing

Vulpes et uva

vinea: Weinstock
uva: Weintraube
fames, is *f:* Hunger
salire: springen
ut: wie ≈ als

„Nondum matura est!"

in alta vinea

acerba

uva

appetebat uvam

"Sumere nolo!"

fame coacta est

eam tangere non potuit

summis viribus saliebat

vulpes

discessit

ait

① Baue aus den Satzelementen auf S. 14 *einen zusammenhängenden Text.*
Du kannst, wenn du willst, einige der folgenden *Konnektoren* (Satzverknüpfer) verwenden:

qui, quae, quod
cum + Konj.
quamquam – tamen
itaque
et

_____

_____

_____

_____

_____

_____

② Vergleiche nun deine selbstgeschriebene Fabel mit dem Text unter Aufgabe ③. Was ist dort anders?

▷ Schwerpunkt **Partizipialkonstruktionen**

③ Bestimme und begründe das inhaltliche Verhältnis (die Sinnrichtung) zwischen Partizip und Prädikat.

inhaltliches
Verhältnis

Vulpes fame	coacta	uvam appetebat _____
		in alta vinea
summis	saliens	viribus; _____
		Quam tangere ut non potuit,
	discedens	ait: _____
		„Nondum matura est;
		nolo acerbam sumere!"

15

Lupus et gruis

„illud"

Cum os devoratum fauce lupi haereret,
lupus magno dolore victus
3 coepit singulos illicere pretio,
ut illud malum extraherent.
Tandem gruis persuasa est iure iurando
6 gulaeque credens
longitudinem colli periculosam fecit medicinam lupo.
Pro quo cum pactum praemium flagitaret:
9 „Ingrata es," inquit,
„quae e nostro ore caput incolume abstuleris
et mercedem postules."

(1) os, ossis *n:* Knochen
    devorare: verschlingen
    fauces, ium *f:* Schlund *(hier Sg.)*
(3) singulos: ein Tier nach dem anderen,
    einzelne Tiere
    illicere: anlocken
(5) gruis persuasa est: ein Kranich
    wurde überredet
    ius iurandum: Eid
(6) gula: Schlund, Kehle

    credere: sich *jmd.* anvertrauen
(7) longitudinem colli periculosam
    medicinam facere alicui: jmd. mit
    seinem langen Hals auf gefährliche
    Art heilen
(8) pactus, a, um: versprochen
    flagitare: fordern
(9) ingratus, a, um: undankbar
(10) auferre ≈ extrahere
(11) merces, edis *f:* Lohn

⟩⟩ **Gliederung**

Suche in der Fabel nach gliedernden Konnektoren und kreise sie im Text ein.

⟩⟩ **Wortwiederholungen bzw. Wortvariationen**

Wie werden die folgenden Wörter im lateinischen Text ausgedrückt bzw. variiert?

1. Rachen: _____

2. herausziehen: _____

3. Belohnung: _____

⟩⟩ Schwerpunkt **Pro-Formen**

Betrachte die Zeichnung und ersetze die Pro-Form illud durch das von ihr Bezeichnete:

Was ist in Zeile 4 damit gemeint: _____

Welchen anderen Gegenstand („Objekt") nennt an dessen Stelle der Wolf in Zeile 10?

_____

Welche Absicht verbirgt sich hinter diesem Objektwechsel?

_____

_____

Was ist gemeint mit den Pro-Formen

pro quo (Zeile 8): _____

quae (Zeile 10): _____

Vacca et capella, ovis et leo

Vacca et capella et ovis patiens iniuriae
socii fuere cum leone in saltibus.
3 Hi cum cepissent cervum vasti corporis,
sic locutus est partibus factis leo:
„Ego primam tollo, quoniam nominor leo;
6 secundam, quia sum fortis, tribuetis mihi;
tum, quia plus valeo, me sequetur tertia;
malo afficietur, si quis quartam tetigerit."
9 Sic sola improbitas totam praedam abstulit.
Numquam est fidelis societas cum potente:
Haec fabella testatur propositum meum.

▷ Schwerpunkt **Wortfelder**

Suche in der Fabel nach Ausdrücken, die zum Wortfeld „stark" gehören, und trage sie hier ein:

_____   _____

_____   _____

▷ **Antithese, Wortwiederholung und Wortvariation:**

Vergleiche Zeile 4 mit Zeile 9 und nenne je ein Beispiel für

a) eine Antithese: _____

b) eine Wortwiederholung: _____

c) eine Wortvariation: _____

(1) vacca: Kuh
   capella: Ziege
   patiens *(+ Gen.): etw.* geduldig
    ertragend
   ovis, is: Lamm
(2) fuēre: fuērunt
   leo, leonis: Löwe
   saltus, us: (Berg-) Wald,
    Bergschlucht
(3) cervus: Hirsch
   vastus, a, um: groß
(5) primam: *erg.* partem

   tollere: erhalten, bekommen
(7) sequi *+ Akk. (hier):* jmd. als
   Besitz zufallen
(8) malo afficere: hart bestrafen
(9) sola improbitas: solus improbus
   *(der abstrakte Begriff statt der
   Person)*
(10) fidelis, e: zuverlässig
   potens, ntis: der Mächtige
(11) testari: beweisen
   propositum: These
   fabella ≈ fabula

Lupus et agnus

Ad rivum eundem lupus et agnus venerant
siti compulsi;
3 superior stabat lupus

(1) **rivus:** Bach
   lupus: Wolf
   agnus: Lamm
(2) **sitis,** is *f:* Durst
   compellere: treiben
(3) **inferior:** unterer
   (*hier:* unten)
(4) **tunc** *(Adv.):* dann, darauf
   fauces, ium: Rachen
   (*hier: Singular)*
   improbus, a, um: gierig
(5) **causam iurgii inferre:**
   einen Streit anfangen

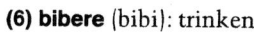

longeque inferior stabat agnus.
Tunc latro fauce improba incitatus
causam iurgii intulit.
6 „Cur" inquit „aquam mihi bibenti
turbulentam fecisti?"
Laniger contra timens: „Qui possum, quaeso, facere,
9   quod quereris, lupe?
Liquor decurrit a te ad meos haustus."
Ille viribus veritatis repulsus ait:
12 „Ante sex menses mihi maledixisti."
Agnus respondit: „Equidem natus non eram."
„Pater hercle tuus" ille inquit „mihi maledixit."
15 Atque ita correptum lacerat iniusta nece.

maledixit
mihi!

(6) **bibere** (bibi): trinken
(7) **turbulentus,** a, um: aufgewühlt (≈ trüb)
(8) **laniger** *m:* „Wollträger" ≈ Schaf
   quaeso: bitte
(10) **liquor:** (Flüssigkeit), Wasser
   decurrere: herabfließen
   haustus, us: Trinkstelle
(12) **maledicere** *(+ Dat.): jmd.* beleidigen
(15) **corripere:** packen
   lacerare: zerfleischen
   iniustus, a, um: ungerecht
   nex, cis *f:* Mord

⟴ Gegensatzpaare

① Trage in die untere Tabelle alle Wörter bzw. Formulierungen ein, mit denen der Wolf und das Lamm charakterisiert werden.
② Suche dann in deiner Aufstellung nach Gegensatzpaaren.

lupus	agnus
_____	_____
_____	_____
_____	_____
_____	_____

⟴ Gliederung

① Umkreise (im Text) die *Konnektoren*, die den Textablauf gliedern.
② Begründe nun den *Aufbau* der Fabel.

⟴ Partizipialkonstruktionen

Kreise in den folgenden Sätzen das *Partizip* und das *Prädikat* ein und bestimme jeweils das inhaltliche Verhältnis (die *Sinnrichtung*) zwischen beiden:

a) Ad rivum eundem lupus et agnus venerant
   siti compulsi.   _____.___

b) „Cur aquam mihi bibenti turbulentam fecisti?"   _____

c) Laniger contra timens (ait):   _____

d) Ille viribus veritatis repulsus (ait):   _____

e) Atque ita correptum lacerat iniusta nece.   _____

⟴ Schwerpunkt **Stilformen**

a) ille viribus veritatis repulsus   _____

b) superior stabat lupus, inferior stabat agnus   _____

c) aquam mihi bibenti turbulentam fecisti   _____

21

Die Fabel und ihre Nachdichtungen – ein Vergleich

Auch die **Fabel vom Wolf und dem Lamm** hat als Vorlage zu Nachdichtungen ge-
dient. Vergleiche die beiden folgenden Texte, die wieder von La Fontaine und
Lessing (vgl. S. 12) stammen, mit der Gestaltung des Themas durch Phaedrus.

Jean de La Fontaine

Das Recht des Stärkeren beugt das Recht des Schwachen.
Ein Beispiel soll es deutlich machen.
Ein Lamm stillt' seinen Durst am Bach,
der klar an ihm vorrüberrann.
5 Ein Wolf ging Abenteuern nach
und fand den Platz; der Hunger zog ihn an.
„Was trübst du", rief das böse Tier voll Wut,
„mein Wasser mir? Was gibt dir solchen Mut?
Wart', deine Frechheit wird dir schaden!"
10 „Herr", sprach das Lamm, „ich bitte, Euer Gnaden
wolle sich nicht so sehr erregen,
vielmehr in Ruhe überlegen,
daß mehr als zwanzig Schritt stromauf am Wasserlauf
Sie Ihren Durst stillt, ich stromab von Ihr.
15 Wie also sollt' ich das verüben
und Ihr beim Trunk das Wasser trüben?"
„Du trübst es!", schrie das wilde Tier.
„Auch sprachst du schlecht von mir vergangnes Jahr."
„Wie konnt ich, da ich nicht geboren war?"
20 versetzt das Lamm, „die Mutter säugt' mich noch".
„Warst du's nicht, war's dein Bruder doch!"
„Ich habe keinen." „Nun, dann einer
von deiner Sippschaft; niemals schont ihr meiner,
ihr, eure Hirten, eure Hunde.
25 Man sagte mir's; ich muß mich rächen!"
Er schleppt es fort zum Waldesgrunde
und frißt es auf zur selben Stunde,
um den Prozeß kurz abzubrechen.

aus: Die schönsten Fabeln, übers. von Kurt Koch,
Hebel-Verlag, Baden-Baden 1947, S. 15

Gotthold E. Lessing

Der Durst trieb ein Schaf an den Fluß; eine gleiche Ursache führte auf der anderen Seite einen Wolf herzu.

Durch die Trennung des Wassers gesichert und durch die Sicherheit höhnisch gemacht, rief das Schaf dem Räuber hinüber: „Ich mache dir doch das Wasser nicht trübe, Herr Wolf? Sieh mich recht an: habe ich dir nicht etwa vor sechs Wochen nachgeschimpft? Wenigstens wird es mein Vater gewesen sein." Der Wolf verstand die Spötterei; er betrachtete die Breite des Flusses und knirschte mit den Zähnen. „Es ist dein Glück", antwortete er, „daß wir Wölfe gewohnt sind, mit euch Schafen Geduld zu haben", und ging mit stolzen Schritten weiter.

Was ist anders als bei Phaedrus?

La Fontaine	Lessing

Vulpes et hircus

Cum decidisset vulpes in puteum inscia
et altiore clauderetur margine,
3 devenit hircus sitiens in eundem locum;
simul rogavit, esset an dulcis liquor
et copiosus. Illa fraudem moliens:
6 „Descende, amice; tanta bonitas est aquae,
ut voluptas satiari non possit mea."
Immisit se barbatus. Tum vulpecula
9 evasit puteo nixa celsis cornibus
hircumque haerentem clauso vado liquit.

(1) **inscius**, a, um: unachtsam
   decidere: fallen, stürzen
   puteus: Brunnen
(2) **margo**, inis *m/f*: Rand
(3) **devenire**: ankommen
   hircus: Ziegenbock
   sitire: dürsten
(4) **liquor**: (Flüssigkeit), Wasser
   copiosus, a, um: reichlich
(5) **moliri**: beabsichtigen
(6) **bonitas**: Güte
(7) **satiare**: sättigen
(8) **se immittere**: sich
      hinablassen
   barbatus: Langbart
   vulpecula: Füchslein

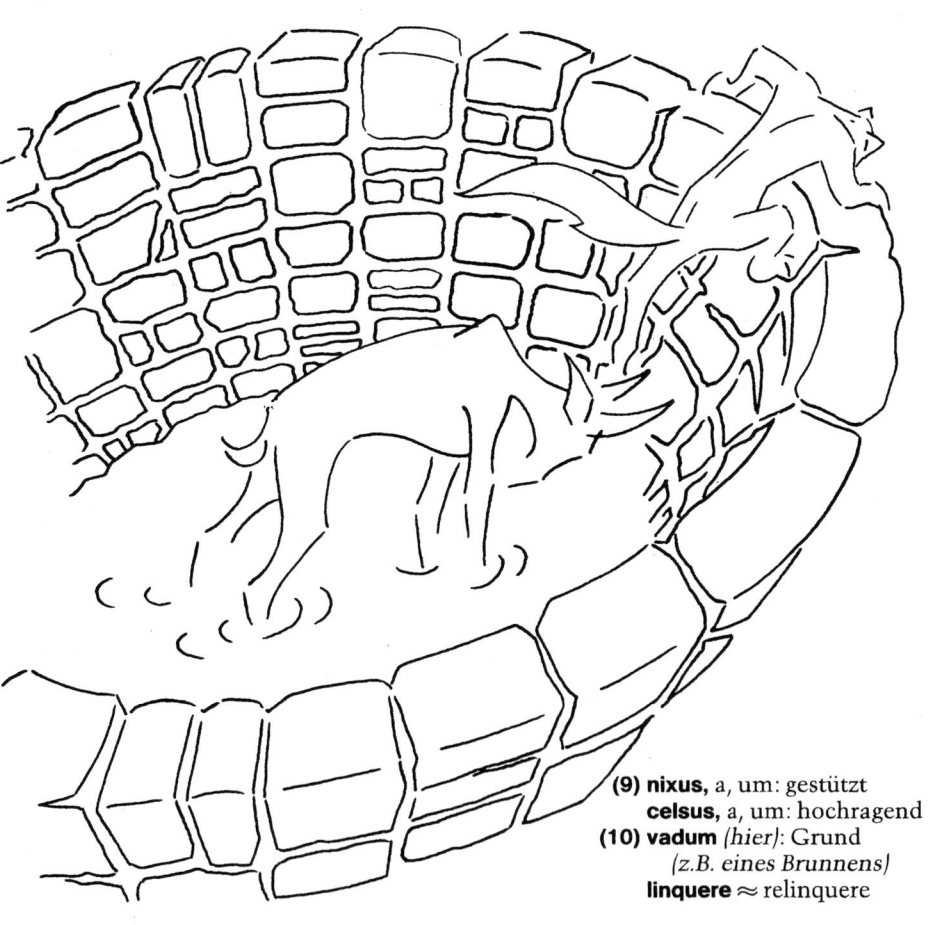

(9) **nixus**, a, um: gestützt
   celsus, a, um: hochragend
(10) **vadum** *(hier)*: Grund
   (z.B. eines Brunnens)
   linquere ≈ relinquere

Gruppenarbeit

⌲ **Antithesen und Wortfelder** (1. Gruppe)

① Sucht aus dem Text die entsprechenden Antithesen:

vulpes	*hircus*
decidisset in puteum	_____
inscia	_____
evasit puteo	_____
direkte Rede	_____
fraudem moliens	_____

② Stellt aus der Fabel alle Ausdrücke zusammen zu den Wortfeldern

Wasser: _____

Qualität des Wassers: _____

⌲ **Gliederung und Wortwiederholung** (2. Gruppe)

① Kreist im Text die *Konnektoren* ein und versucht dann, diese Fabel zu gliedern.
② Welche *Ausdrücke* benutzt Phaedrus für die beiden Handlungsträger?

vulpes: _____   hircus: _____

③ Schreibt alle vier *Ortsangaben* heraus:

a) _____   c) _____

b) _____   d) _____

④ Welches Verb aus den ersten drei Zeilen wird am Ende der Fabel wieder

aufgenommen? _____

⌲ **Stilformen** (3. Gruppe)

Sucht in dieser Fabel nach je einem Beispiel für

Alliteration	_____
Hyperbaton	_____
Parallelismus	_____
Chiasmus	_____

⌲ **Partizipialkonstruktion** (4. Gruppe)

Kreist in den folgenden Sätzen das *Partizip* und das *Prädikat* ein und bestimmt jeweils das inhaltliche Verhältnis (die *Sinnrichtung*) zwischen beiden:

a) devenit hircus sitiens ...   _____

b) Illa fraudem moliens (ait):   _____

c) Vulpecula evasit puteo nixa celsis cornibus   _____

Asinus et senex

In principatu commutando saepius
nil praeter dominum cives mutant pauperes.
3 Id esse verum parva haec fabella indicat:
Asellum in prato timidus pascebat senex.
Is hostium clamore subito territus
6 suadebat asino fugere, ne posset capi.
At ille lentus: „Quaeso, num binas mihi
clitellas impositurum victorem putas?"
9 Senex negavit. „Ergo quid refert meā,
cui serviam, clitellas dum portem unicas?"

(1) **principatus,** us: Herrschaft
    commutare: wechseln
    saepius: öfter
(2) **nil praeter:** nur
    mutare ≈ commutare
(3) **indicare:** beweisen
(4) **pratum:** Wiese
    asellus: kleiner Esel
    pascere: *jmd.* weiden lassen

(7) **lentus,** a, um: gelassen
    quaeso: bitte
    bini, ae, a: zwei
(8) **clitellae** *(Pl.):* Sattel
(9) **quid refert meā:** was kümmert es
    mich
(10) **unicus,** a, um: ein einziger, *(hier)*
    „immer nur einen"

Gruppenarbeit

⟫ **Antithesen und Wortfelder** (1. Gruppe)

① Schreibt aus der Fabel 4 Gegensatzpaare heraus:

_____

_____

② Sammelt aus der Fabel alle Ausdrücke zum Wortfeld „Staat":

_____

③ Welche politisch-sozialen Begriffe aus den Versen 1-2 entsprechen

dem senex: _____

dem asinus: _____

den clitellae: _____

⟫ **Gliederung und Wortwiederholungen** (2. Gruppe)

① Markiert im Text der Fabel alle textverknüpfenden Konnektoren.
② Wie ist der Fabeltext also zu gliedern?
③ Warum spricht der senex ganz allgemein von hostes (Vers 5), der Esel jedoch von einem victor (Vers 8)?

⟫ **Stilformen** (3. Gruppe)

Untersucht diese Fabel nach den bekannten Stilmitteln. Welche entdeckt ihr?

_____

_____

_____

_____

⟫ **Partizipialkonstruktionen und Pro-Formen** (4. Gruppe)

① Bestimmt das inhaltliche Verhältnis zwischen Partizip und Beziehungswort:

Is hostium clamore territus suadebat…: _____

② Wer bzw. was ist gemeint mit den Pro-Formen

id (Zeile 3): _____

is (Zeile 5): _____

ille (Zeile 7): _____

Cervus ad fontem

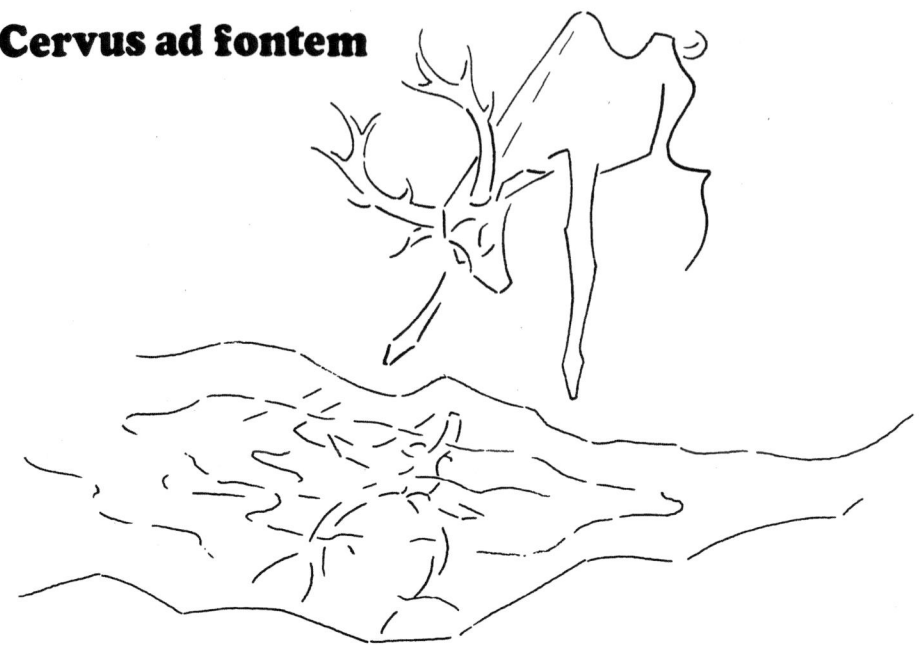

Ad fontem cervus, cum bibisset, restitit
et in liquore vidit effigiem suam.
3 Ibi dum ramosa mirans laudat cornua
crurumque nimiam tenuitatem vituperat,
venantum subito vocibus conterritus
6 per campum fugere coepit et cursu levi
canes elusit. Silva tum excepit ferum,
in qua retentis impeditus cornibus
9 lacerari coepit morsibus saevis canum.
Tunc moriens vocem hanc edidisse dicitur:
„O me infelicem! qui nunc demum intellego,
12 quam utilia mihi fuerint, quae despexeram,
et quae laudaram, quantum luctus habuerint!"

(1) **fons,** ntis *m:* Quelle
cervus: Hirsch
resistere: stehen bleiben
(2) **liquor:** (Flüssigkeit), Wasser
effigies, ei *f:* Bild
(3) **ramosus,** a, um: verzweigt
mirans, ntis: voller Bewunderung
(4) **crus,** ris *n:* Bein
tenuitas: Zartheit
vituperare: tadeln
(5) **venantes,** um: jagende (Hunde)
(6) **levis,** e: leicht(-füßig), schnell
(7) **canis,** is: Hund

eludere *(+Akk.):* sein Spiel treiben
mit jmd.
ferus: wildes Tier
(8) **retentus,** a, um (retinēre): festge-
halten *(näml. vom Dickicht)*
(9) **lacerare:** zerfleischen
morsus, us *m:* Biß
(10) **vocem ēdere:** sprechen
(12) **despicere:** verachten
(13) **laudaram** ≈ laudaveram
luctus, us *m:* Trauer, *hier etwa*
Nachteil

Gruppenarbeit

▷ **Antithesen und Wortwiederholungen** (1. Gruppe)

① Bestimmt und erläutert das Verhältnis zwischen fugere coepit (Vers 6) und lacerari coepit Vers 9:

fugere coepit	lacerari coepit
_____	_____
_____	_____
_____	_____

② Vergleicht die Situation in Vers 3-4 mit der Situation in Vers 10-13. Erläutert den Unterschied.

▷ **Gliederung und Wortfelder** (2. Gruppe)

① Rahmt im Text alle *textverknüpfenden Konnektoren* ein und unterstreicht alle *Ortsangaben*. Wie ist der Fabeltext also zu gliedern?

② Sammelt aus der Fabel alle Ausdrücke zum *Wortfeld „Jagd"* und tragt sie hier ein:

_____

_____

▷ **Stilformen** (3. Gruppe)

Sucht in dieser Fabel nach Stilformen.

_____

_____

▷ **Partizipialkonstruktionen und Pro-Formen** (4. Gruppe)

① Kreist in den folgenden Sätzen das *Partizip* und das *Prädikat* ein und bestimmt jeweils das inhaltliche Verhältnis (die *Sinnrichtung*) zwischen beiden:

a) Ibi dum ramosa mirans laudat cornua ...   _____

b) Subito vocibus territus per campum fugere coepit ..._____

c) Tunc moriens vocem hanc edidisse dicitur: [...]   _____

② Wer bzw. was ist gemeint mit

in qua   (Z. 8): _____

qui   (Z. 11): _____

quae   (Z. 12): _____

quae   (Z. 13): _____

Graculus superbus

Tumens inani graculus superbia
pennas, quae pavoni deciderant, sustulit
3 seque exornavit. Deinde contemnens suos
se immiscuit pavonum formoso gregi.
Illi impudenti pennas eripiunt avi
6 fugantque rostris. Male mulcatus graculus
redire maerens coepit ad proprium genus;
a quo repulsus tristem sustinuit notam.
9 Tum quidam ex illis, quos prius despexerat:
„Contentus nostris si fuisses sedibus
et, quod natura dederat, voluisses pati,
12 nec illam expertus esses contumeliam
nec hanc repulsam tua sentiret calamitas."

(1) **tumēre:** aufgeblasen sein
  inanis, e: eitel
  graculus: Dohle
(2) **pavo:** Pfau
  decidere: herabfallen
(3) **exornare:** schmücken
(4) **se immiscēre** *(+ Dat.):* sich
  unter etwas mischen
  formosus, a, um: schön
  grex, gis m: Schar
(5) **impudens,** ntis: unverschämt
  avis, avis *f:* Vogel

(6) **fugare:** verjagen
  rostrum: Schnabel
  mulcare: mißhandeln, zurichten
(7) **maerens,** ntis: traurig
(8) **nota:** Rüge (tristis: schmählich)
(9) **despicere** (despexi): verachten
(10) **contentus,** a, um: zufrieden
  sedes, is *f:* Platz
(12) **contumelia:** Schmach
(13) **repulsa:** Zurückweisung
  tua calamitas: „du Armer"

Gruppenarbeit

⊳ **Antithesen und Wortfelder** (1. Gruppe)

① Schreibt aus der Fabel vier Gegensätze heraus.

a)_____

b)_____

c)_____

d)_____

② Welche Ausdrücke gehören zum Wortfeld „Trauer"?

_____

_____

⊳ **Gliederung und Wortwiederholungen** (2. Gruppe)

① Schreibt aus dieser Fabel die wechselnden Handlungsträger heraus:

_____   _____   _____   _____

② Nennt aus dieser Fabel die lateinischen Ausdrücke für

a) verachten: _____

b) vertreiben: _____

③ Wie sind diese Ausdrücke im Text verteilt?

④ Versucht nun, die Fabel zu gliedern.

⊳ **Stilformen** (3. Gruppe)

Sucht in dieser Fabel nach bekannten Stilmitteln und schreibt sie hier auf.

_____

_____

⊳ **Partizipialkonstruktionen und Pro-Formen** (4. Gruppe)

① Kreist im folgenden Satz das Partizip und das Prädikat ein und bestimmt das inhaltliche Verhältnis (die *Sinnrichtung*) zwischen beiden.

Deinde suos contemnens se immiscuit pavonum gregi. _____

② Wer ist gemeint mit

illi   (Z. 5):   _____

a quo   (Z. 8):   _____

ex illis (Z. 9):   _____

Warum Fabeln?

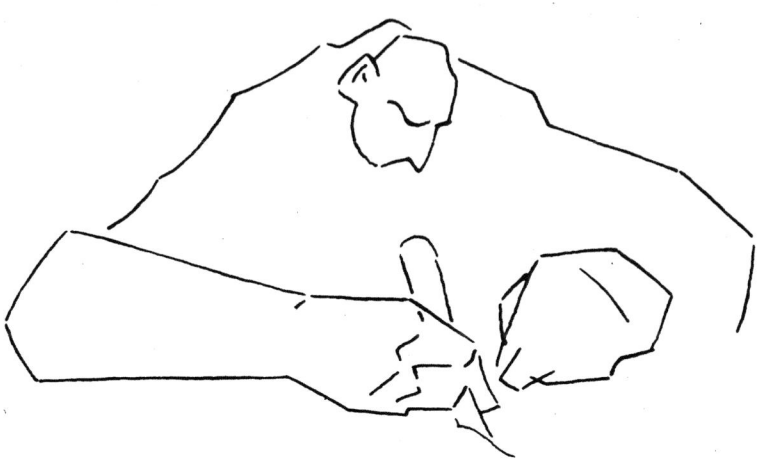

Nunc brevi docebo,
cur genus fabularum inventum sit:
3 servitus obnoxia,
     quia non audebat dicere, quae volebat,
     affectus proprios in fabellas transtulit
6 calumniamque fictis iocis elusit.

---

(1) brevi *(Adv.)*: kurz
(2) genus: (literarische) Gattung
(3) servitus obnoxia: der jeder Bestrafung ausgesetzte Sklave
(5) affectus, us: Empfindung
(6) calumnia: unberechtigte Strafe
    fictus, a, um: erdichtet
    iocus: Scherz, Spaß
    eludere (elusi): sich entziehen, ausweichen

① Welchen Grund, gerade Fabeln zu schreiben, nennt Phaedrus?
② Stelle Vermutungen an über die soziale Stellung des Phaedrus in Rom. Auf welche
    Aussagen im vorliegenden Text berufst Du Dich dabei?

Anhang

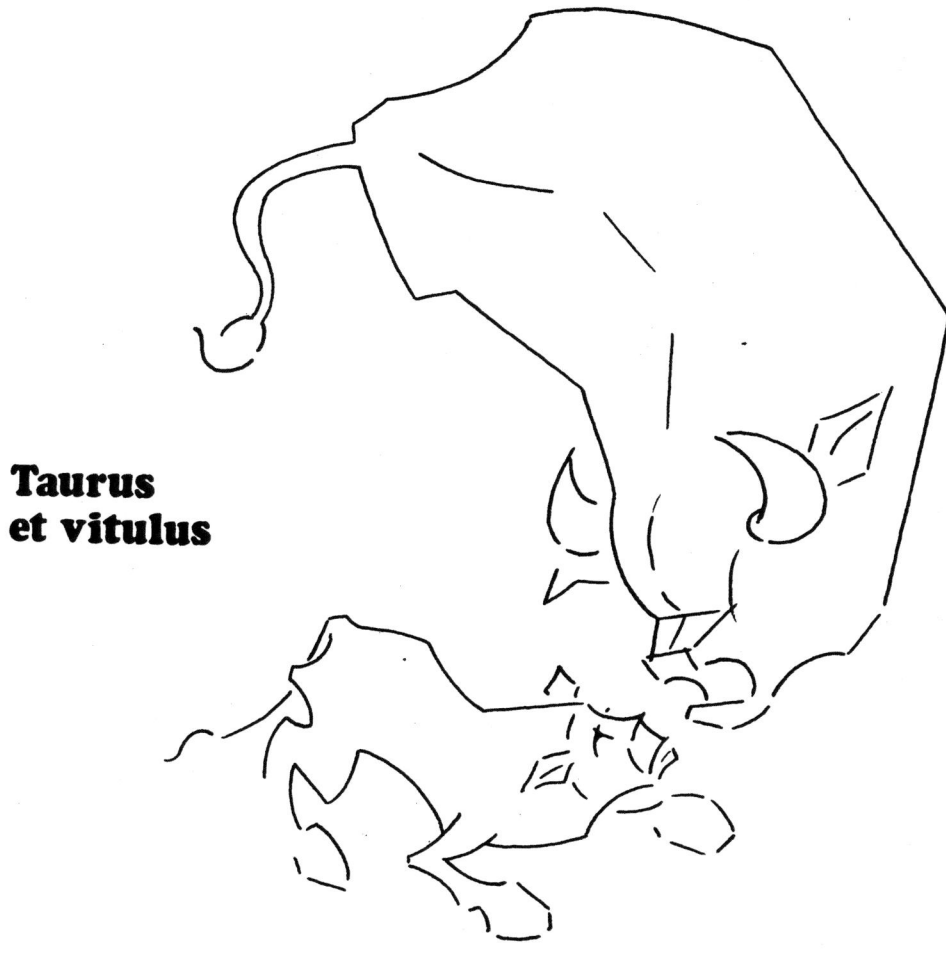

Taurus
et vitulus

Angusto in aditu taurus luctans cornibus
cum vix intrare posset ad praesepia,
monstrabat vitulus, quo se pacto flecteret.
„Tace," inquit, „ante hoc novi quam tu natus es."

(1) taurus: Stier
    luctari: sich abmühen
(2) praesepia, orum: Stall
(3) vitulus: Kalb
    quo pacto: wie
(4) ante ≈ antea

De capris barbatis

Barbam capellae cum impetrassent ab Iove,
hirci maerentes indignari coeperunt,
quod dignitatem feminae aequassent suam. 3
„Sinite" inquit „illas gloria vana frui
et usurpare vestri ornatum muneris,
pares dum non sint vestrae fortitudinis." 6

(1) **barba:** Bart
    capella: Ziege
    ab Iove: von Jupiter
(2) **hircus:** Bock
    maerēre: trauern
    indignari: sich beklagen

(3) **dignitatem suam aequare:** die gleiche
    Würde bekommen wie sie
(4) **vanus,** a, um: unbedeutend
(5) **usurpare:** beanspruchen
    ornatus, us: Schmuck

Serpens et lacerta

Serpens lacertam forte adversam prenderat.
Quam devorare patula cum vellet gula,
arripuit illa prope iacentem surculum,
et pertinaci morsu transversum tenens,
avidum sollerti rictum frenavit mora.
Praedam dimisit ore serpens irritam.

(1) **serpens,** ntis: Schlange
   lacerta: Eidechse
   adversus, a, um: entgegenlaufend
   prendere (ndi): fangen
(2) **devorare:** verschlingen
   patulus, a, um: weit aufgerissen
   gula: Rachen
(3) **arripere** (ui): ergreifen
   surculus: Zweiglein

(4) **pertinax,** cis: hartnäckig
   morsus, us: Biß
   transversus, a, um: quer
(5) **avidus,** a, um: gierig
   sollers, tis: klug
   rictus, us: weit geöffnetes Maul
   frenare: bändigen
   mora *(hier)*: Hindernis
(6) **irritus,** a, um: unnütz

35

Canis parturiens

Canis parturiens cum rogasset alteram,
ut fetum in eius turgurio deponeret,
3 facile impetravit: dein reposcenti locum
preces admovit, tempus exorans breve,
dum firmiores catulos posset ducere.
6 Hoc quoque consumpto flagitare validius
cubile coepit. „Si mihi et turbae meae
par," inquit „esse potueris, cedam loco."

(1) **parturire:** trächtig sein, in
    den Wehen liegen
    rogāsset ≈ rogavisset
(2) **fetus,** us: Leibesfrucht,
    Junges
    turgurium: Hütte
(3) **dein** ≈ deinde
    reposcere: zurückfordern
(4) **exorare:** (er)bitten
(5) **catulus:** Hündchen
    ducere ≈ abducere
(6) **hōc:** *erg.* tempore
    flagitare: fordern,
    verlangen
    validius *(Adv. des*
    Komparativs): ziemlich
    nachdrücklich
    cubile, is *n*: Schlafstätte

Vulpes et ciconia

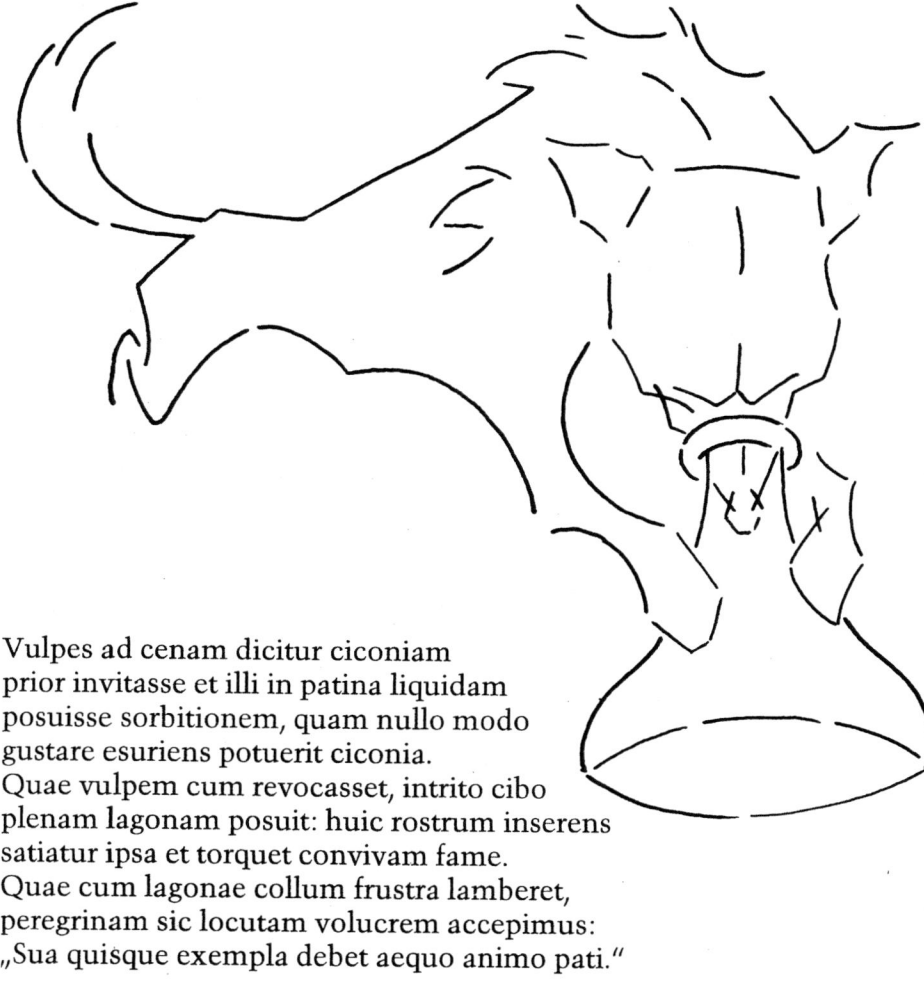

Vulpes ad cenam dicitur ciconiam
prior invitasse et illi in patina liquidam
posuisse sorbitionem, quam nullo modo
gustare esuriens potuerit ciconia.
Quae vulpem cum revocasset, intrito cibo
plenam lagonam posuit: huic rostrum inserens
satiatur ipsa et torquet convivam fame.
Quae cum lagonae collum frustra lamberet,
peregrinam sic locutam volucrem accepimus:
„Sua quisque exempla debet aequo animo pati."

(1) **vulpes,** is *f:* Fuchs
    ciconia: Storch
(2) **prior:** *(dt. hier adverbial)*
    zuerst
    invitasse ≈ invitavisse
    patina: Schüssel
    liquidus, a, um: flüssig
(3) **sorbitio:** Suppe
(4) **gustare:** kosten
    esurire: hungern
(5) **revocare:** wieder einladen
    interere (trivi, tritum):
    zerreiben

(6) **lagona:** Flasche
    rostrum: Schnabel
    inserere: hineinstecken
(7) **satiari:** sich sättigen
    torquēre: quälen
    fames, famis *f:* Hunger
(8) **collum:** Hals
    lambere: belecken
(9) **peregrinus,** a, um: wandernd
    volucris, is *f:* Vogel
(10) **sua exempla:** Beispiele, die
    man selbst gibt
    aequo animo: mit Gleichmut

Wortschatzübung

Ordne die folgenden lateinischen Ausdrücke den jeweiligen Bildern zu:

asinus, leo, rana, muli, vulpes, gruis, uva, caper, corvus, cervus, graculus, lupus, dolosus, stultus, invidiosus, acerbus, fortis, velox, tumens, ille – comes, tangere non potuit, primus – secundus – tertius – quartus, avidis dentibus rapuit, genus proprium despexit, unus – alter, se immisit barbatus, cornua sua laudat, it celsa cervice, os in fauce haerebat, emisit caseum, fugit per campum, nihil amisit, illi pennas eripiunt, caseum comesse vult, contemnit suos, deceptus est

Handlungsmotive:
invidia tacta – magno dolore victus – fame coacta – siti compulsi – fame improba incitatus – vocibus conterritus – viribus veritatis repulsus

Ortsangaben:
celsa arbore, in prato, in alta vinea, in saltibus, ad rivum eundem, in puteum, ad fontem, per campum, silva

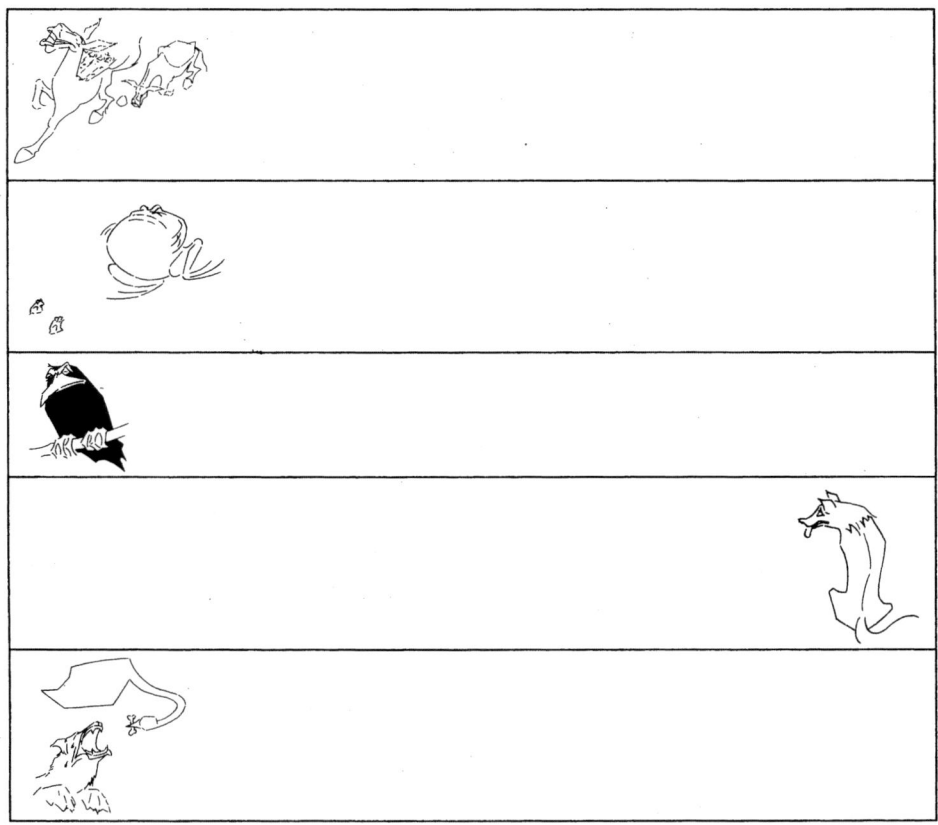

Inhaltsverzeichnis

Zu diesem Buch erscheint ein Lehrerheft (Klettbuch 65783).

9 783126 578004

Officina – Diese Marke tragen Textausgaben, die zur erleichterten Lektüre eingerichtet sind.

1. Auflage

Alle Drucke dieser Auflage können im Unterricht nebeneinander benutzt werden, sie sind untereinander unverändert. Die letzte Zahl bezeichnet das Jahr des Druckes.
© Ernst Klett Schulbuchverlag Leipzig GmbH, Leipzig 1990.
Alle Rechte vorbehalten.
Internetadresse: http://www.klett.de
Satz: Agnes Grage, Filderstadt
Druck: Digitaldruck Tebben GmbH, Biessenhofen

ISBN 3-12-657800-4